Para: Mi tesoro adorado Paty

De: Tu Madre con Todo Amor Jeannette

Estar enamorado

FRANCISCO LUIS BERNÁRDEZ

Estar enamorado,

amigos, es encontrar el nombre justo de la vida.

Es dar al fin con la *palabra*

que para hacer frente a la muerte se precisa.

Es recobrar
la llave
oculta que abre
la cárcel en que
el alma
está cautiva.

Es levantarse de la tierra con una fuerza que reclama desde arriba.

Es escuchar en una boca
la propia voz
profundamente repetida.

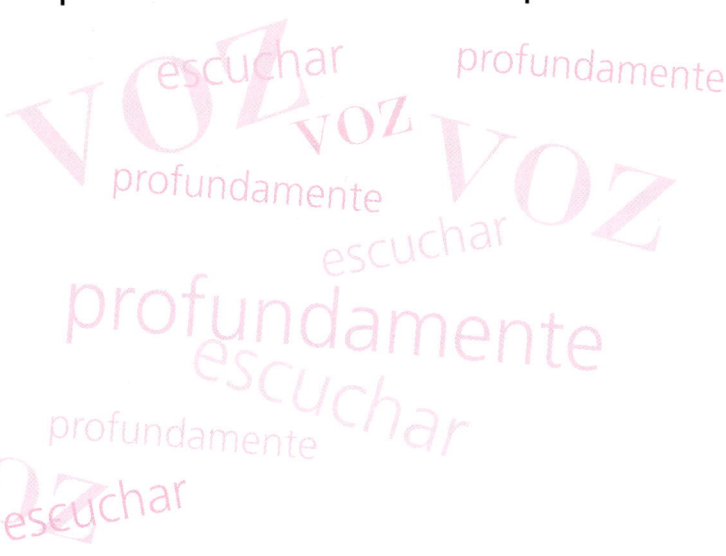

Es sorprender
en unas manos
ese calor de la perfecta
compañía.

Es sospechar que,

para siempre,

la soledad

de nuestra

sombra

está vencida.

Estar enamorado, amigos,
es percibir en el desierto la cristalina
voz de un río que nos llama.

Es ver el mar

desde la torre

donde ha quedado prisionera

nuestra infancia.

Es ocupar un territorio

donde *conviven*

los perfumes y las armas.

Es *dar* la ley

a cada rosa

y al mismo tiempo

recibirla

de su espada.

Es gobernar
la luz del fuego

Es entender
la pensativa conversación
del corazón y la distancia.

Estar enamorado, amigos, es *adueñarse*

Es **olvidar**

entre los dedos

emocionados

la cabeza distraída.

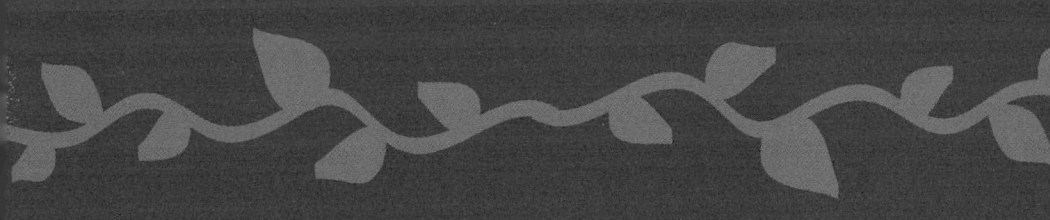

Es **ver** la estrella

de la tarde

por la ventana

de una casa

campesina.

Es contemplar

un tren que pasa por la montaña
con las luces encendidas.

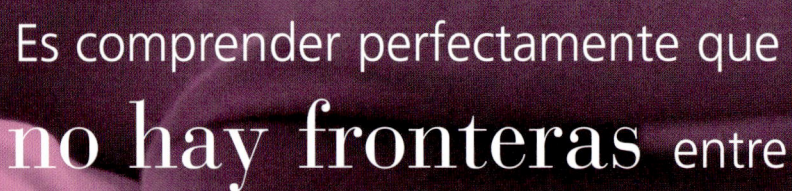

Es comprender perfectamente que
no hay fronteras entre

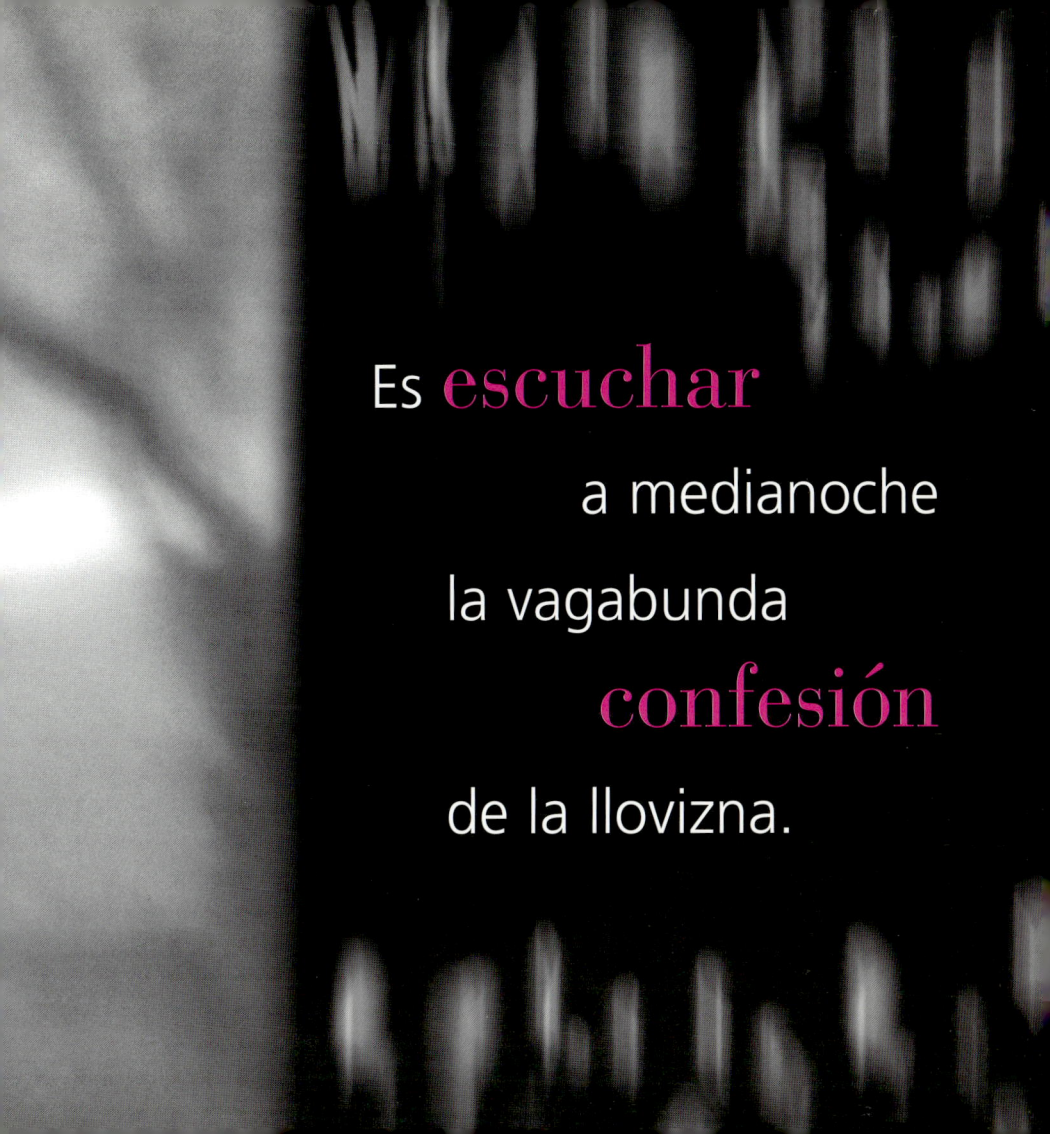

Estar enamorado, amigos,
es padecer

espacio

y

tiempo

con dulzura.

Es no saber si

son ajenas

o

son propias

las lejanas amarguras.

Es
    remontar
        hasta la fuente
      las aguas
      turbias
    del torrente
        de la angustia.

Es compartir la *luz* del mundo

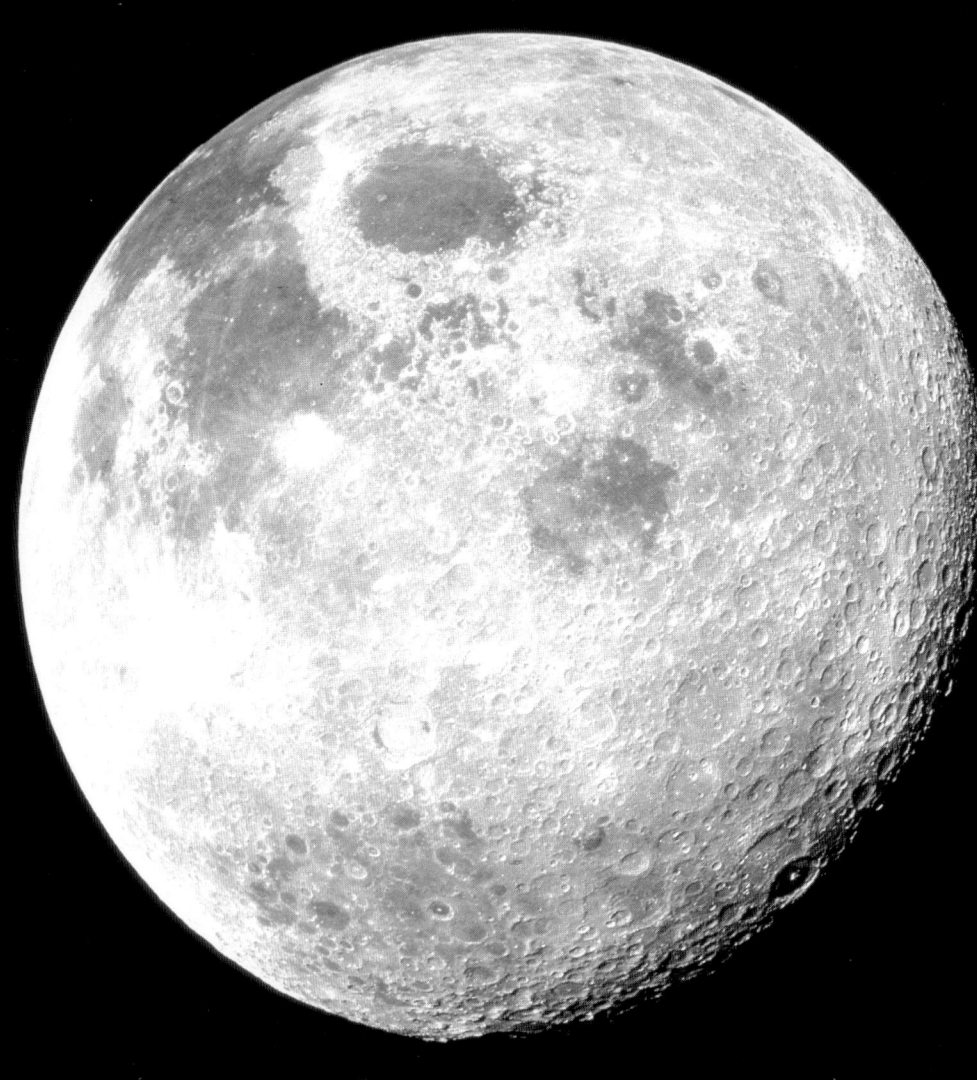

Es asombrarse y alegrarse de que la luna todavía sea *luna*.

Es comprobar en

cuerpo y alma

que la tarea de ser

hombre

es menos dura.

Estar enamorado

es empezar a decir

siempre,

y en adelante

no volver a decir

nunca.

Y es, además, amigos míos,
estar seguro de tener las
manos puras.

Acerca del autor

Francisco Luis Bernárdez nació en Buenos Aires, Argentina, en 1900 y falleció en 1978. Vivió en España, donde se dedicó al periodismo y se relacionó con dos grandes poetas, Antonio Machado y Juan Ramón Jiménez.
A su regreso a Argentina, fue redactor del diario *La Nación* y ocupó cargos públicos en el área de la Cultura. Fue miembro de la Academia Argentina de Letras. Escribió, entre otros libros, *Cielo de tierra, La ciudad sin Laura, Poemas elementales* y *Poemas de carne y hueso.*

Dirección de arte: Trinidad Vergara
Diseño: María Natalia Martínez
Edición: Lidia María Riba
(Adaptación del poema "Estar enamorado", de Francisco Luis Bernárdez)
Colaboración editorial: Cristina Alemany
Fotos: © Stone

© 2003 Vergara & Riba Editoras

<u>Argentina</u>: Ayacucho 1920, Buenos Aires
(C1112AAJ) - Tel/Fax: (54-11) 4807-4664 y rotativas
e-mail: editoras@vergarariba.com.ar
www.vergarariba.com

<u>México</u>: Galileo 100, Colonia Polanco,
Chapultepec, 11560, México D.F.
Tel/Fax: (5255) 5220-6620/21
e-mail: editoras@vergarariba.com.mx

ISBN: 987-9338-36-7

Fotocromía: DTP Ediciones, Buenos Aires, Argentina
Impreso en Argentina por New Press

Printed in Argentina
Septiembre de 2003